Nota para los padres

DK READERS es un convincente programa para lectores infantiles desarrollado por un equipo de expertos en la didáctica del lenguaje, entre los que destaca la Dra. Linda Gambrell, directora de la facultad de educación Eugene T. Moore de la Universidad de Clemson. La Dra. Gambrell también ha sido presidenta de la Conferencia Nacional de Lectura y miembro de la junta directiva de la Asociación Internacional de Lectura.

Combinamos bellas ilustraciones y magníficas fotografías a color con textos entretenidos y sencillos, con el fin de ofrecer una aproximación amena a cada tema en la serie. Cada volumen de la serie DK READERS captará el interés del niño al tiempo que desarrolla sus destrezas de lectura, cultura general y pasión por la lectura.

El programa de DK READERS está estructurado en cinco niveles de lectura, para que pueda usted hacer una elección precisa y adecuada a las aptitudes de su hijo.

Prenivel 1 – Para principiantes
Nivel 1 – Primeros pasos
Nivel 2 – Lectura asistida
Nivel 3 – Lectura independiente
Nivel 4 – Lectura avanzada

Dado que la edad "normal" para que un niño empiece a leer puede estar entre los tres y los ocho años de edad, estos niveles han de servir sólo como una pauta general.

Pero sea cual sea el nivel, usted le ayudará a su hijo a aprender a leer…¡y a leer para aprender!

DK

LONDRES, NUEVA YORK, MÚNICH,
MELBOURNE Y DELHI

Editora Lara Tankel Holtz
Directora de arte Susan Calver
Editora principal Linda Esposito
Directora de arte principal Jane Horne
Editora en EE. UU. Regina Kahney
Producción Kate Oliver
Picture Research Jo Carlill
Fotógrafo Lynton Gardiner
Asesora de lectura Linda B. Gambrell, Ph.D.

Versión en español
Editora Elizabeth Hester
Directora de arte Michelle Baxter
Diseño Jee Chang
Producción Ivor Parker
Diseño DTP Milos Orlovic

Traducción Producciones Smith Muñiz

Primera edición estadounidense, 1998
Versión en español, 2005
05 06 07 08 10 9 8 7 6 5 4 3 2 1
Publicado en Estados Unidos por DK Publishing, Inc.
375 Hudson Street, New York, New York 10014

Publicado en Gran Bretaña por Dorling Kindersley Limited.

A catalog record for this book is available from the Library of Congress.

ISBN: 0-7566-1197-0 (pb) 0-7566-1198-9 (hc)

Reproducción a color por Colourscan, Singapur
Impreso y encuadernado en Bélgica por Proost

DK Publishing agradece a: los bomberos del cuartel de Harrison Street en Ne
Rochelle, Nueva York, en particular a Danny Heinz, Anthony Costa y Thom
Connell. John Santore, de la compañía 5, y los bomberos de las compañías 24
5 en Nueva York. Y Liz Radin.

La editorial agradece su generosidad en conceder
permiso para la reproducción de sus fotos a:
a=arriba, c=centro, b=abajo, l=izq., r=der., t=parte superior
Colorific: Ian Bradshaw 23c; **Jim Pickerell** 12c; **Rex:** Cole 14tr;
Greg Williams 25c; **Tony Stone Images:** James McLoughlin 18c.
Colorific: P.F. Bently / Black Star portada.

Descubre más en
www.dk.com

DK READERS

LECTURA
2
ASISTIDA

¡Bomberos!

Angela Royston

DK Publishing, Inc.

En la estación de bomberos hay
mucho trabajo, incluso cuando
no hay ningún incendio. María
está revisando las mangueras para
asegurarse de que estén bien sujetas.

Daniel está
sacando brillo
a las ruedas
del camión
de bomberos.

Tony está arriba en la
cocina, buscando
algo que comer.
¡Siempre tiene
hambre! De
repente, un
gran ruido
lo hace dar
un salto.

¡Ring!
¡Ring!
¡Ring!

¡Es la alarma de incendios! Tony baja deslizándose por la barra. ¡PAF! Cae con fuerza en el suelo. Pero la gruesa base de goma protege sus pies.

Listos para entrar en acción

Los pantalones se enrollan sobre las botas para ahorrar tiempo. De ese modo, los bomberos se pueden vestir y subir al camión en 30 segundos.

María se pone rápido sus botas y sus pantalones a prueba de fuego. Mira en la computadora. El fuego es en el número 7 de Oak Lane. En el camión, agarra el transmisor-receptor portátil. "¡Jefe García! ¡Estamos en camino!"

"¡Bien!", dice el jefe de bomberos. Él había salido antes en un auto muy veloz. "Allá nos vemos".

María arranca el motor mientras los otros bomberos suben al camión. Enciende las sirenas y las luces y sale de la estación. El camión parte velozmente hacia el incendio.

Los autos y autobuses se detienen
y esperan cuando oyen las
sirenas que se acercan.

El jefe de bomberos llama a María.
"Estoy en el lugar del incendio. Es
una casa antigua que hace años que
está deshabitada. Pero alguien vio a
un muchacho jugando en el porche
esta mañana. Podría estar dentro
de la casa. Dile a Daniel y a Tony
que preparan los tanques de oxígeno

"Muy bien, jefe", responde María.
"Ya veo el humo. Llegaremos allí
en dos minutos".

María dobla en la esquina hacia Oak Lane. Las llamas salen por encima de la casa.

El incendio se está extendiendo rápidamente. ¡No hay tiempo que perder!

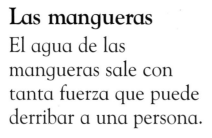

Las mangueras

El agua de las mangueras sale con tanta fuerza que puede derribar a una persona.

María conecta una de las mangueras del camión a la boca de riego más cercana. Una bomba en el camión bombea el agua de la boca de riego hacia otra manguera. María y otro bombero apuntan la manguera hacia las llamas. "¡Listo!", grita María.

Los dos agarran la manguera con fuerza al salir el agua.

Equipo de respiración

El fuego produce un humo mortal. Los bomberos usan tanques de oxígeno y máscaras para entrar en los edificios en llamas.

Tony y Daniel están listos para entrar en la casa. Se han puesto sus tanques de oxígeno y sus máscaras. Cada tanque contiene oxígeno suficiente para 40 minutos. ¡No tienen mucho tiempo! "El muchacho se llama Lucas", les dice el jefe. "Bien", responde Tony. Agarra una manguera. "¡Vamos a darle una ducha a esa bola roja!", dice Daniel.

Daniel y Tony corren hacia la parte de atrás de la casa. Allí el fuego no es tan intenso. Daniel toca la puerta del fondo. Si estuviera caliente, las llamas podrían saltar hacia afuera al abrirla. "Está fría", dice Daniel. Entran en la casa.

Por todas partes hay un espeso humo negro. Tony recorre la casa con su linterna. "¡Lucas!", grita el bombero. No hay respuesta. "Oigo las llamas en el piso de arriba", dice Daniel. El fuego ha dañado la escalera. Podría derrumbarse en cualquier momento. Los bomberos suben los escalones lentamente.

Afuera, se colocan los balancines sobre el suelo.

Los balancines son como patas. Mantienen el camión estable cuando se saca la escalera. La escalera se extiende como un telescopio hasta llegar al último piso. Por el lado de la escalera va una manguera. El bombero que está en la escalera lanza agua sobre el fuego. Las llamas chisporrotean y crepitan. Disminuyen y de pronto vuelven a surgir aún más altas.

Dentro de la casa ruge el fuego. El calor es tanto que derrite los cristales. Tony echa agua sobre las llamas. El fuego ha debilitado la casa. "Puede derrumbarse en cualquier momento", dice Daniel. "Tenemos que encontrar a Lucas". ¡BUM! Una viga se desprende y cae junto a ellos. Pero sus cascos les protegen la cabeza. ¡PATAPUM! "¡Apúrate!", dice Tony. "No nos queda mucho tiempo".

Cascos protectores

Los cascos de los bomberos están hechos de un plástico muy duro. Sus alas anchas evitan que les caigan chispas en el cuello.

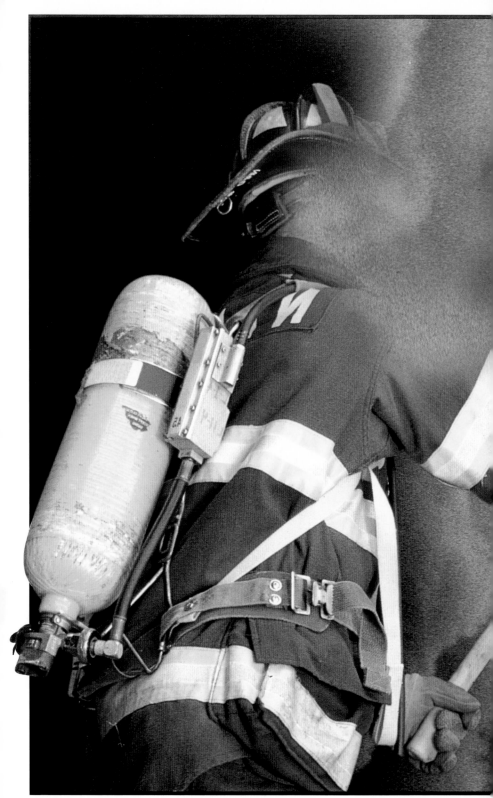

Llegan a otra puerta, pero no
la pueden abrir. Daniel golpea
la puerta con su hacha. Una,
dos, tres veces. "¡Está atascada!",
grita Daniel. El
rugidodel fuego
es tanfuerte que
apenas pueden
escuchar lo que dicen.
"Vamos a tener que abrirla
con la sierra léctrica".

El hacha de bomberos

Los bomberos han usado
hachas desde los
primeros días de los
cuerpos de bomberos.

La sierra eléctrica

La sierra eléctrica funciona con pilas. Puede cortar el techo de un auto como un abrelatas.

Tony enciende la sierra.

¡RUNRÚN!

Abre un hueco en la puerta suficientemente grande para pasar.

"¡Lucas!", grita Daniel. "¿Lucas?"

Pero la habitación está vacía.

De repente, el jefe les grita. "¡Salgan ahora mismo! ¡El techo se derrumba!"

Daniel y Tony bajan las escaleras corriendo. Salen de la casa en el momento en que el techo se derrumba "¡No encontramos a Lucas!", grita Daniel. "Él está bien. ¡Estaba en la esquina!", responde el jefe. "¡Qué buena noticia!", dice Danie

Unas horas después se extinguen las llamas. Tony echa un poco de agua en las brasas que aún están encendidas. Está cansado, sucio, ¡y muy hambriento!

María enrolla las mangueras de vuelta al camión. Finalmente puede descansar. Ella también está cansada.

Al regresar a la estación de
bomberos, Tony se sienta a
comer. "¡Al fin!", dice.

De repente, un gran ruido
lo hace dar un salto.
"¡La cena tendrá que
esperar!", se ríe
Daniel.

¡Ring!
¡Ring!
¡Ring!

MEDIDAS DE PRECAUCIÓN
Ejercicio para casos de incendio en casa

¿Sabes qué hacer si hay
un incendio en tu casa?
No esperes a que ocurra:

- Habla hoy mismo con
  tu familia sobre el tema.
- Hablen de cómo
  saldrían de la casa.
- Planeen al menos
  dos maneras de salir
  de cada habitación.
- Decidan dónde se
  van a encontrar una
  vez hayan salido.

**¡Un simulacro de incendio
ahora puede salvar vidas luego!**